PIE VI
ET LOUIS XVIII,

CONFÉRENCE THÉOLOGIQUE ET POLITIQUE

TROUVÉE

DANS LES PAPIERS DU CARDINAL DORIA,

TRADUITE DE L'ITALIEN

PAR M.-J. CHÉNIER.

PARIS,

LEMOINE, LIBRAIRE,

PLACE VENDOME, N° 24.

1830.

LIBRAIRIE DE LEMOINE,

PLACE VENDÔME, N° 24.

BEAUMARCHAIS (Mémoires de), 4 vol. in-32.	3	»
BERNARD, 1 vol. in-32, portrait.	»	75
BERTIN, Œuvres complètes, 2 vol. in-32, port.	1	50
BONNARD, ses poésies, 1 vol. in-32.	»	75
CHÉNIER (M.-J.), 1 vol. in-32.	»	75
COLARDEAU, 2 vol.	1	50
DEMOUSTIER, Lett. à Émilie, 4 v. in-32, port.	3	»
DESHOULIÈRES, 1 vol., portrait.	»	60
DUCIS, Œuvres complètes, 8 vol. in-32, port.	6	»
FABRE D'ÉGLANTINE, 2 vol.	1	50
FÉNELON, Télémaque, 4 vol. in-32.	3	»
GILBERT, Œuv. complètes, 2 vol. in-32, port.	1	50
GRÉCOURT, 1 vol.	»	75
GRESSET, 2 vol., portrait.	1	20
LA FONTAINE, Contes, 2 vol. in-32.	1	50
LAROCHEFOUCAULD et VAUVENARGUES, 2 vol. in-32, port.	1	50
LE SAGE, Gil-Blas, 5 forts vol. in-32.	7	50
LUCE DE LANCIVAL, Œuv. complètes, 2 vol. in-32, port.	1	50
MALFILATRE, 2 vol.	1	20
PARNY, 3 vol., portrait.	1	80
PIRON, 3 vol.	1	80
ROUCHER, les Mois, 2 vol.	1	50
ROUSSEAU, Émile, 4 vol. in-32, fig.	6	»

On vend les portraits des auteurs ci-dessus séparément :

Format in-8.	»	50
— in-12.	»	40
— in-18.	»	30
— in-32.	»	20

PIE VI
ET LOUIS XVIII.

PARIS.—IMPRIMERIE D'ÉVERAT.
Rue du Cadran, n° 16.

PIE VI
ET LOUIS XVIII,

Conférence théologique et politique

TROUVÉE

DANS LES PAPIERS DU CARDINAL DORIA;

TRADUITE DE L'ITALIEN

PAR M.-J. CHÉNIER.

AVEC APPROBATION

ET AUX DÉPENS DU CONCILE NATIONAL DE FRANCE

PIE VI ET LOUIS XVIII.

LOUIS XVIII.

Quoi! Saint-Père, c'est vous! vous, loin des bords du Tibre!
Rome aurait-elle aussi le malheur d'être libre?
Le nouveau mal français gagne-t-il ces remparts
Où des pontifes rois remplaçaient les Césars?
A-t-il du Vatican souillé l'auguste enceinte?

PIE VI [1].

Mon fils, j'ai pour jamais quitté la cité sainte.

J'ai mal joué mon rôle, à vous parler sans fard ;
J'ai fait la paix en traître, et la guerre en caffard.
Quand l'acteur est mauvais le parterre le hue :
Il a fallu s'enfuir sifflé par la cohue.
J'ai fait des tours d'espiègle, au fond très-innocens ;
Et vous en jugerez, car vous avez du sens.
Les vicaires de Christ, en des jours difficiles,
Dans l'art d'empoisonner se montraient fort habiles :
Suivant la circonstance on se laisse tenter ;
Et de l'assassinat j'avais voulu tâter.
Il faut s'aider un peu quand les temps sont critiques.
Basseville [2], Duphot [3], ces damnés hérétiques,
Ont été massacrés pour le bien de la foi,
Par mes soldats, poltrons autant que vous et moi,
Mais très-bons assassins, et grands serveurs de messes.
En France on a mal pris toutes ces gentillesses.
Lors j'ai renouvelé près des soldats français
Un lazzi qui jadis avait quelque succès.
Pour leur en imposer et procéder en forme,
Je revets la tiare et le grand uniforme,
Et, les deux doigts en l'air, avec componction,
Je propose aux guerriers ma bénédiction :
Refus net et formel ; ils ont le goût bizarre.
Dépouillant sans tarder l'étole et la tiare,

De Rome adroitement je me suis esquivé,
Et comme vous, Grand Roi, je suis sur le pavé.

LOUIS XVIII.

L'accident est fâcheux ; votre tort n'est pas moindre.
Lorsqu'en son crépuscule, et commençant à poindre,
Ce soleil inconnu, luisant aux nations,
Vint obscurcir les rois de ses premiers rayons,
Que n'avez-vous éteint ces clartés menaçantes ?
Vous deviez, sans lancer des bulles impuissantes,
Comme autrefois Urbain 4, conjurant le danger,
Ordonner aux Chrétiens de courir nous venger.
L'aventureux Gustave, héritier de Christine,
Aux bords de la Néva, la chaste Catherine,
Brûlaient de seconder les monarques germains :
Que faisiez-vous alors ? Une épître aux Romains ?
Tandis qu'il eût fallu sanctifier la guerre,
Faire parler le ciel pour soulever la terre,
Sortir avec éclat de vos sacrés remparts,
Et des nouveaux croisés bénir les étendards.
La chrétienté, suivant son pontife suprême,
En faisant son salut, vous eût sauvé vous-même :
Les grâces du Très-Haut se répandaient sur nous.

PIE VI.

Donneur de bons avis, prenez-les donc pour vous.
Vos manifestes, pleins d'une imbécille emphase,
Plus gascons que les vers du rimailleur Despaze [5],
Ont aux républicains causé peu de frayeur :
Ils ont ri du vaincu pardonnant au vainqueur.
Battez-les.

LOUIS XVIII.

Des combats qu'un autre soit l'arbitre :
De Louis-le-Prudent j'ai mérité le titre ;
Malgré leurs attentats j'épargne mes sujets,
Et la guerre a prouvé combien j'aime la paix.

PIE VI.

Eh bien! feu Charles VII fut un roi pacifique :
Abandonnant la France à l'Anglais hérétique,
D'Agnès, tant douce amie, il recevait la loi :
Vous n'avez pas d'Agnès, et nous savons pourquoi [6].
Lahire cependant donnait force batailles ;
Ainsi faisaient Poton, La Trimouille et Saintrailles [7]

Mais en vain : chaque jour apportait ses malheurs,
Charles se lamentait auprès d'Agnès en pleurs.
Une pucelle advient ; l'espoir les réconforte ;
Dunois, le beau bâtard, et Jeanne la très-forte,
Du monarque un peu plat vengent le long affront,
Et l'ampoule sacrée a coulé sur son front.
Dieu vous gratifia du don de couardise,
Vous n'êtes pas pour rien fils aîné de l'Église ;
Vous vivrez longuement : mais il faut, entre nous,
Trouver des ferrailleurs qui soient vaillans pour vous.
Cherchez en votre cour, pour tenter la conquête,
Un bâtard un peu brave, ou quelque fille honnête,
Qui, dans les cabarets instruite à la vertu,
Soit l'appui de son prince et du trône abattu.

LOUIS XVIII.

Vous parlez de ma cour? Quelle cour! en icelle
Il est force bâtards, mais pas une pucelle ;
Et mes preux chevaliers aimeraient mieux, je croi,
Manger, boire, dormir et régner comme moi,
Qu'exposer leur noblesse à l'incivile rage
D'un peuple roturier qui n'a que du courage.
Tous ces républicains, soldats peu complaisans,

Font la guerre pour vaincre, et sont mauvais plaisans.
J'avais organisé des moyens plus faciles ;
Deux cents gredins bien plats, mais si bons, si dociles,
Pour moi, chaque matin, griffonnaient maint écrit :
Je payais leur sottise aussi cher que l'esprit.
Le rapsode Villiers, Dantilly, Baralère [8],
Le langoureux Crétot, l'éveillé Souriguière,
Le nocturne Langlois, messager de malheur,
Et Lacretelle, enfin, le lugubre penseur,
Barbouillaient tous les jours d'une couleur cynique
Le guerrier, l'orateur, ou le chantre énergique
Qu'à leur pinceau vénal désignait mon courroux :
Suard les dirigeait et les surpassait tous [9].
Mon peuple avait élu, grâce à leur industrie,
Des sénateurs n'ayant ni sénat ni patrie,
Par l'amour de leur roi des juges annoblis,
Dans le cœur, sur le dos portant les fleurs de lis.
Sans avoir combattu je gagnais la victoire ;
Déjà de mon triomphe on écrivait l'histoire ;
Je voyais mon clergé, mes cours de parlemens,
Mon trône rétabli sur ses vieux fondemens,
Et de la liberté la France délivrée.....
Mais les républicains ont battu ma livrée.

PIE VI.

Je vous dois un aveu, mon cher, et le voici.
Ils ont le même jour battu la mienne aussi.
Mes agens secondaient l'adroite politique
D'un estimable Anglais, d'un charmant hérétique,
De Pitt, mon digne ami, quoiqu'il ait peu de foi,
Intrigant comme un prêtre, insolent comme un roi.
Quels hommes j'ai perdus ! j'avais saint du Vaucelle¹⁰,
Renonçant à l'esprit par un excès de zèle ;
Le clément saint Rovère, à Vaucluse fêté ;
L'éloquent saint Gallais, à Montmartre écouté ;
Saint Mailhe, au maintien faux, au ton rogue, à l'œil triste :
Saint Quatremère, issu de race janséniste,
Fils, petit-fils, neveu, cousin de marguillier ;
Saint Laharpe, infidèle à son premier métier,
Long-temps anti-chétien, mais toujours fanatique :
Autrefois possédé du démon dramatique,
Le nouveau converti, du diable abandonné,
Expiait le plaisir qu'il n'avait pas donné.
J'avais saint Vauvilliers, leur guide et leur oracle,
Apôtre de Gonesse et témoin d'un miracle.
Mais parmi ces grands saints, canonisés tout vifs,

Du vicaire de Dieu vicaires adoptifs,
Nul n'était comparable à saint Jordan Camille;
Chacun valait un saint, lui seul en valait mille.
Cet apprenti sous-diacre, en vrai pauvre d'esprit,
S'était senti toujours du goût pour Jésus-Christ :
Il aimait du vieux temps les sottises prospères,
Et réclamait surtout les cloches de nos pères;
Cent oisons répétaient ces pieuses clameurs.
Dans le château Saint-Ange, au bruit de ces rumeurs,
Mon ame était ouverte à la douce espérance
De voir des indévots le sang couler en France;
Et j'entendais de loin crier de tout côté :
« Guerre aux républicains ! meure la liberté !
» Mais vivent les clochers, la tiare, l'étole,
» Camille et les oisons, sauveurs du Capitole ! »

LOUIS XVIII.

Ah ! que n'ont-ils pu vivre aux petites maisons !
Tous les rois sont perdus par vous et vos oisons.
Faites taire à la fin ces innocens adeptes,
Ressasseurs d'argumens, de lieux-communs ineptes,
Que les moindres bedeaux ont cent fois répétés,
Mais que le ridicule a cent fois réfutés.

Laissez là votre Bible, et votre premier homme,
Ève, le paradis, le serpent et la pomme;
Dans l'arche de Noé renfermez vos docteurs;
Oubliez d'Israël les rêves imposteurs;
Le soleil s'arrêtant; la mer, non moins docile,
Ouvrant au peuple juif une route facile;
Holopherne, martyr de son goût libertin,
Caressé dans la nuit, égorgé le matin;
Le gourmand Esaü vendant son droit d'aînesse;
Balaam le voyant instruit par son ânesse;
En un lieu malhonnête Olla coulant ses jours,
Et d'Olliba sa sœur les robustes amours [11];
Le dieu pigeon faisant à la pucelle-mère
Un enfant, homme et dieu, dont il n'est pas le père;
Dieu, père, fils, esprit; un, par conséquent trois;
Dieu né dans un étable et mort sur une croix;
Dieu sur le haut des monts emporté par le diable;
Jean, Luc, Marc et Mathieu, gens d'un goût admirable,
Tous quatre par Dieu même à la fois inspirés,
Contant diversement leurs mensonges sacrés;
Constantin, sur la foi de l'authentique histoire,
Brisant pour l'homme-dieu l'autel de la victoire;
Le Panthéon fermé; les sectaires nouveaux
Sur le trône montant du sein des échafauds;

Et leur religion, lasse d'être victime,
Passant avec orgueil de la sottise au crime.

PIE VI.

Discours de philosophe, et qui ne prouve rien.
C'étaient les premiers temps du régime chrétien.
Ces premiers temps sont durs et l'on peut en médire;
Mais la suite....

LOUIS XVIII.

La suite ! elle est encor bien pire.
Les pontifes romains, du pied des saints autels,
Vendaient à juste prix les sept péchés mortels.
Les trésors de vingt rois brillaient sur vos madones,
Et la boîte aux agnus vous valait des couronnes.
Ici c'est l'empereur, c'est le roi très-chrétien [12],
Qui, dans sa propre cour, est fessé pour son bien;
C'est un autre empereur, mort dans la sacristie [13],
Pour avoir trop aimé la sainte eucharistie :
Le rusé saint Bernard vend le terrain des cieux [14];
Là d'un auto-da-fé le spectacle pieux
Réjouit les regards du bon saint Dominique [15];

Saint Robert d'Arbrissel, plein d'un zèle héroïque [16],
Pour voir et pour braver le démon de plus près,
La nuit de deux nonains caresse les attraits :
Saint Guignolet, célèbre entre les bonnes ames [17],
De la stérilité veut bien guérir les dames ;
De galans séraphins dans les plaines du ciel
Portent la maison sainte où l'ange Gabriel
Promit un bel enfant à la vierge Marie :
Afin d'exorciser le Vésuve en furie
Un prêtre escamoteur, habile en son métier,
Fait bouillir à propos le sang de saint Janvier :
Plus loin de saint Dunstan la montagne flottante [18]
Accourt, se fait bénir, et s'en va très-contente.
Ah ! du trône papal remontez les dégrés.
Quels sont d'un tel pouvoir les fondemens sacrés ?
Dogmes impertinens, mystères ridicules,
Miracles des Crépins, des Fiacres, des Ursules,
Ramas de contes bleus et d'antiques rébus,
Aux faiseurs de sermons inspirant du Phébus,
Mais qui, par dom Calmet contés avec simplesse,
D'Arouet l'indévot égayaient la vieillesse.
Croyez-vous rétablir un empire usurpé,
Et gouverner encor le genre humain trompé ?
Non ; votre jonglerie est une erreur usée,

Et des maux qu'elle a faits la coupe est épuisée.
Simon Barjone en vain présente l'hameçon,
Le filet du pécheur ne prend plus de poisson :
Audrein [19] chérit tout seul la divine bêtise ;
Puisque l'homme a pensé, c'en est fait de l'Église.
Le coup qui vous détruit fut préparé long-temps :
Les prêtres, en honneur, étaient trop charlatans ;
Eux-même ont hâté leur chute nécessaire ;
Et les papes sont mûrs : soit dit sans vous déplaire.

PIE VI.

Vous tenez-là, mon fils, un fort mauvais propos.
Qui n'est pas charlatan ? demandez aux héros :
C'est des pauvres humains la tache originelle ;
Homme d'esprit et sot, sage et fou, tout s'en mêle.
Vous ne concevez pas d'où vient notre pouvoir ?
Et moi, mon cher féal, j'ai peine à concevoir
Comment un peuple entier, esclave volontaire,
Pouvait subir d'un fat le joug héréditaire ;
Comment vingt nations fléchissaient sous vingt rois ;
Comment cent mille fous, s'armant à votre voix,
Couraient s'entr'égorger pour vous et pour les vôtres :

Ce mystère est étrange, et vaut bien tous les nôtres.
L'autel ne va pas bien ! le trône va-t-il mieux ?
Si les papes sont mûrs, les rois sont un peu vieux.
Vous autres potentats, ou qui prétendez l'être,
Vous savez commander; mais apprenez qu'un prêtre
Sait flatter la puissance, en tout temps, en tout lieu.
Le diable fut long-temps vaincu par le bon Dieu;
Nous avons loué Dieu d'une ame satisfaite :
Mais le diable est vainqueur, sa volonté soit faite.
Certain roi, pour fléchir le saint siége irrité,
Fut fessé; pourquoi pas, s'il l'avait mérité?
Henri le Calviniste entendit bien la messe :
Et vous, si vous aviez une sûre promesse
De rentrer aussitôt dans vos droits souverains,
En vous laissant fesser au maître-autel de Rheims,
Ne baiseriez-vous pas la verge salutaire
Dont les coups vous rendraient le rang héréditaire ?
Ne nous reprochons rien ; soyons de bonne foi :
Le prêtre doit toujours s'unir avec le roi;
Ce sont mangeurs de gens ; c'est la même famille.
Meurtre, empoisonnement, telle autre peccadille,
Orgueil, ambition, luxure,... et cætera,
Chez nous c'est à peu près tout ce qu'on trouvera :
Mais l'histoire des rois, qu'on l'ouvre, qu'on la lise;

C'est, tout comme chez nous, le crime et la sottise.
Prenez les saints cahiers ; car la Bible a du bon :
Vous y verrez que Dieu, qui souvent a raison,
Pouvant punir les Juifs en leur donnant la peste,
Leur fit présent des rois, don cent fois plus funeste.

LOUIS XVIII.

Fort bien. Nous nous disons toutes nos vérités :
Je voudrais pour beaucoup qu'on nous eût écoutés ;
Avec un terroriste on pourrait vous confondre.

PIE VI.

Vous avez commencé, je ne fais que répondre.
D'une feinte tardive épargnons-nous le soin.
Vous avez contrefait le dévot par besoin ;
C'est aussi par besoin que je fus royaliste.
Aujourd'hui vous parlez en encyclopédiste ;
Je suis républicain : je vous rends vos douceurs.
Vos nobles devanciers, mes saints prédécesseurs,
Ont jeté dans un puits la vérité plaintive :

L'imposture, pesant sur la terre captive,
Enivrait les humains pressés d'un lourd sommeil ;
La vérité maudite, en sonnant le réveil,
Remonte de son puits et n'y veut plus descendre ;
Les peuples ralliés commencent à s'entendre.
Rois, voyez le présent, devinez l'avenir :
Notre rôle est fini ; le vôtre va finir.
Guttemberg, en creusant sa caboche insensée,
Trouva l'affreux moyen de graver la pensée.
Ce jour vit ébranler et le trône et l'autel,
Et de loin aux erreurs porta le coup mortel.
Dès lors on réfléchit, tandis qu'il fallait croire ;
La raison lentement remportait la victoire ;
Bientôt nos livres saints parurent amusans,
Nos mystères joyeux, nos miracles plaisans ;
On rit à nos dépens, et de plus on fit rire.
En nous voyant percés des traits de la satire,
Les rois un peu prudens devaient, sans balancer,
Punir tout scélérat convaincu de penser.
Plusieurs, loin de tenir cette sage conduite,
Ont fait les esprits forts ; mais attendons la suite.
On s'est long-temps moqué des serviteurs de Dieu ;
Et, pour l'avoir souffert, les rois verront dans peu

Leurs édits respectés comme le décalogue.
Sur ce point, mon cher fils, oyez un apologue,
Simple, court, mais surtout contenant vérité :
Le cardinal Maury me l'a souvent conté.
Chez un fermier dormeur, et qu'on nomme Nicaise,
Le renard et le loup volaient tout à leur aise.
C'était du fond des bois que le couple assassin
Accourait, quand la nuit, favorable au larçin,
Etendait sur les cieux ses vêtemens funèbres :
Meurtriers et voleurs sont amis des ténèbres.
Vainement aboyaient les chiens officieux ;
Tranquille en un bon lit, Nicaise en dormait mieux.
Maître renard croquait la poule timorée ;
Maître loup des moutons faisait large curée.
Mais Nicaise eut un fils qui fut son héritier :
Morphée habitait peu chez ce nouveau fermier.
Il entendit des chiens les avis charitables,
Sans bruit il prépara ses filets redoutables ;
Le fin renard périt en un piége tendu ;
Près de son compagnon le loup fut étendu.
Les loups et les renards sont les rois et les prêtres !
Par le fermier dormeur j'entends nos bons ancêtres ;
Par les chiens vigilans, ceux qui de la raison

Versent dans leurs écrits le damnable poison;
Par le fils du fermier les hommes de notre âge.
On n'est plus imbécille, et c'est vraiment dommage.
Nous arrivons trop tard pour régner en repos;
Dans ce monde il faut naître et mourir à propos.

NOTES.

[1] Jean-Ange Braschi, successeur de Clément XIV, élevé au trône pontifical le 24 février 1775, mort à Valence, le 29 août 1798. — J. R.

[2] Nicolas-Jean Hugou de Basseville, secrétaire de la légation française à Naples, assassiné à Rome le 13 janvier 1793. — J. R.

[3] Général français, tué à Rome, le 25 décembre 1797, dans une émeute populaire, à côté de Joseph Bonaparte, alors ambassadeur de France. — J. R.

⁴ Il s'agit du pape Urbain II, qui, vers la fin du xi⁰ siècle, détermina la première croisade, conjointement avec un prédicateur fanatique, célèbre sous le nom de l'hermite Pierre.

⁵ Le rimailleur Despaze fait des vers doublement gascons ; ils fourmillent de gasconnades et de gasconismes. Il est auteur d'une fort mauvaise brochure ayant pour titre *Les cinq Hommes* ; c'est une prétendue vie politique des cinq premiers membres du Directoire exécutif. L'auteur gascon a spécialement flagorné Carnot et Letourneur de la Manche. Il a honoré Sieyes de ses injures : mais il a insulté par ses louanges Barras, Rewbell et La Révellière. Leur réputation a résisté à cette difficile épreuve. Il a joué deux fois le même tour au général Bonaparte : les éloges sont restés impunis : ce qui est une preuve sans réplique de l'indulgence du gouvernement. Le rimailleur Despaze a composé de plus une *Épître aux Sots*. Il s'est chargé lui-même de la réponse : c'est un commerce de lettres qui lui appartenait de droit. — Joseph Despaze, né à Bordeaux, en 1779, est mort à Cussac, en Médoc, le 15 juin 1814 ; on a de lui une *Épître à Bonaparte* et une *Épître à Midas sur le bonheur des sots*. — J. R.

⁶ L'épigramme suivante expliquera le *pourquoi :*

> Ce *petit-*fils du *grand* Henri
> Est un roi d'une étrange espèce :
> Il n'eut de vierge, jusqu'ici,
> Que son épée et sa maîtresse. — J. R.

⁷ Dans une édition de cette satire, publiée clandestinement en 1822, on lit :

> Lahire cependant, La Trimouille et Saintrailles,
> Pour le roi Céladon donnaient force batailles.

Nous aurions adopté cette leçon, qui nous semble préférable, si nous avions pu la croire de Chénier. Elle a l'avantage de faire disparaître l'inadvertance de l'auteur qui fait deux personnes de Jean Poton de Saintrailles. — J. R.

⁸ Villiers est ici nommé *le rapsode,* non parce qu'il chantait les poèmes d'Homère, il s'en gardait bien ; mais parce qu'il composait les *Rapsodies,* pamphlet périodique, digne, à tous égards, de son titre. Dantilly, Baralère, Crétot, Souriguière et Langlois, rédigeaient cinq journaux platement calomniateurs ; le *Thé,* le *Défenseur de la constitution, le Postillon des armées, le Miroir* et le *Messager du soir.* Quant à Lacretelle, il insérait

dans les *nouvelles politiques* d'ennuyeuses déclamations contre les républicains et contre les lois républicaines. Il a parlé le premier de ses *lugubres pensées* ; on observa judicieusement qu'il était toujours *lugubre* au moment où les amis de la liberté se réjouissaient.

9 Suard était autrefois censeur royal. Il n'a pas changé de métier durant la révolution. C'est un intrigant assez habile dans les rôles subalternes. Quoique fort médiocre en littérature, il est cependant très-supérieur aux barbouilleurs de papier dont il est ici question. C'est lui qui donnait le mouvement à tous ces plats journalistes terrassés par le 18 fructidor.

10. Ce passage est, comme on voit, une espèce de supplément à la *Fleur des saints*. Le premier de cette nouvelle légende, saint Bourlet de Vaucelle ou du Vaucelle, a toutes les prétentions, et, par malheur, fort peu de talens. Il a voulu être évêque et membre de l'Académie Française ; il n'a rien été de tout cela. Voici un exemple de son étrange vanité. Un jour, en prêchant dans une église de Paris, il disait à ses chers frères : « Né dans le palais des rois, j'ai vu de près le néant des grandeurs humaines. » Il était fils d'un limonadier de Versailles. C'est là le mot de l'énigme. Saint Rovère est très-célèbre par

sa clémence, soit en 1793, comme complice de Robespierre, soit en 1795, comme agent de Louis XVIII. Saint Gallais, ci-devant et toujours frère ignorantin, était peut-être le plus impudent et le plus vénal des journalistes royaux. Saint Mailhe était un déclamateur misérable. On a eu raison d'observer qu'il avait la figure d'un faux témoin. Comme Rovère, André Dumont et Bourdon de l'Oise, il avait été tour à tour démagogue sanguinaire et royaliste proscripteur. Saint Quatremère est toujours resté dans les rangs du parti opposé aux institutions républicaines. Plusieurs de ses parens avaient signé, en 1791, la pétition fanatique présentée à l'assemblée constituante pour empêcher la translation des cendres de Voltaire au Panthéon. Saint Laharpe, poète froid et sans invention, mais littérateur distingué, après avoir été long-temps l'adepte et l'enfant gâté des philosophes, s'est permis dans sa vieillesse des déclamations violentes et ridicules contre des hommes auxquels il devait respect et reconnaissance. Ses ouvrages chrétiens ont fait rire, quoique sérieux et remplis d'injures sans esprit; mais il n'ont converti personne. Saint Vauvilliers a été véritablement témoin d'un miracle à Gonesse. Ce miracle donna lieu à une correspondance étrange entre le saint de Gonesse et Christophe de Beaumont, archevêque de Paris. Dans cette correspondance, Christophe est incrédule; il a presque de la philosophie : mais une chose explique tout. D'après la réputation du témoin, il a eu peur que ce ne fût un miracle janséniste. Saint Jordan Camille ou Camille Jordan, représentant du peuple d'élection royale et pontificale, avait la ferveur d'un néophite. Il débitait des choses absurdes avec la naïveté la plus intrépide. C'était un vrai missionnaire envoyé pour convertir le corps législatif. Les jésuites l'auraient choisi pour jouer le rôle de martyr.

¹¹ Et (Oliba) insanivit libidine super concubitum eorum quorum carnes sunt ut carnes asinorum : et sicut fluxus equorum, fluxus eorum.
Ezech. XXIII, 20. — J.-R.

¹² C'est Louis Ier, dit le Débonnaire, empereur et roi de France, que le clergé s'avisa de corriger ainsi. Il était fils de Charlemagne, qui avait rétabli Léon III sur le trône pontifical, et petit-fils de Pepin, dont les bienfaits avaient augmenté la puissance des évêques de Rome et consacré leur souveraineté. Cette correction paternelle est un échantillon de la reconnaissance des prêtres.

¹³ Ces vers désignent l'empereur Henri VII. Il allait s'emparer de l'Italie, lorsqu'il fut empoisonné dans une

hostie par le bienheureux Bernard Montepulciano, religieux dominicain.

¹⁴ Quand saint Bernard persuadait à Louis-le-Jeune, malgré les sages conseils de Suger, de tenter une nouvelle croisade, il persuadait en même temps aux dévots de lui vendre des terres en France pour des terres en paradis. Ces étranges marchés firent bientôt disparaître l'indigence primitive des abbayes de Cîteaux et Clairvaux.

¹⁵ Il a existé deux saints de ce nom ; l'un, surnommé l'encuirassé, n'est connu dans la légende que pour s'être donné trois cent mille coups de fouet en six jours. Il est ici question du second, que Voltaire a confondu avec le premier dans ses *Questions sur l'Encyclopédie* *. Ce Dominique, second du nom, est très-célèbre comme ayant été grand-inquisiteur à Toulouse, et comme fondateur de l'Ordre qui porte son nom. Cet Ordre puissant et ambitieux maintint encore, à la fin du dix-huitième siècle, l'horrible tribunal de l'inquisition.

¹⁶ Saint Robert d'Arbrissel, qu'il ne faut confondre ni

---

* Voyez dans les *OEuvres* de Voltaire, l'article ARANDA du *Dictionnaire philosophique*. — J. R.

avec saint Robert, premier abbé de la Chaise-Dieu, ni avec saint Robert, fondateur de l'Ordre de Cîteaux, a mérité plus de réputation que les deux autres. Il était né au village d'Arbrissel, à sept lieues de Rennes. Il fonda l'abbaye de Fontevrauld vers le temps de la première croisade ; et, par une galanterie, singulière à cette époque, il ordonna dans ses réglemens, qu'une femme gouvernerait à perpétuité les religieuses et même les religieux. C'était, comme l'observe Bayle, l'opposé de la loi salique. Il s'était associé deux compagnons, prédicateurs et convertisseurs, Bernard de Tiron et Vitalis de Moriton. Mais, par un assez plaisant partage, il avait abandonné à ses camarades la conversion des hommes ; il se chargeait exclusivement de convertir les femmes. Il poussait si loin la ferveur, qu'un jour il entra dans une maison habitée par des filles de joie : il les convertit toutes l'une après l'autre, et en fit des religieuses. Pour mortifier la chair, il passait la nuit entre deux d'entre elles, comme le lui reprochait Geoffroy, abbé de Vendôme, dans une lettre encore subsistante. Cet abbé lui reprochait encore d'être fort complaisant pour les jolies religieuses, et fort maussade envers les laides. Dans une autre lettre, Marbodus, évêque de Rennes, le gronde de ce qu'il fait prendre le voile à de très-jeunes filles. Les unes, dit Marbodus, sentant approcher le neuvième mois, sortent du couvent pour accoucher ; les autres accouchent dans leurs cellules. Pour ces détails, et beaucoup d'autres encore, consultez le *Dictionnaire* de Bayle, article FONTEVRAULD.

17 C'est encore un saint Breton, et dont les goûts avaient quelque rapport avec ceux de saint Robert d'Arbrissel. Il est de tradition en Basse-Bretagne que les habitans du pays marchaient à quatre pattes avant que saint Guignolet les avertît de se tenir debout. Mais il est surtout célèbre par un don qu'il avait reçu de Dieu ; celui de guérir les femmes stériles. On prétend qu'il a conservé ce don même après sa mort. On envoyait dans sa chapelle les jeunes basses-bretes frappées de stérilité. Elles ne manquaient pas de devenir enceintes en priant avec ferveur l'image de saint Guignolet. On voit encore près de Morlaix quelques statues de ce bon saint. Le genre de talent qui l'a fait canoniser y est représenté sous un emblême très-énergique.

18 Celui-ci est un saint d'Angleterre qui n'avait pas les heureux talens de saint Guignolet. Bien loin de passer la nuit entre deux belles dames, comme saint Robert d'Arbrissel, il ressemblait à *l'eunuque au milieu du sérail ;* il empêchait *qui voulait faire.* Étant archevêque de Cantorbéry, il apprit que le roi d'Angleterre, Edwin, était ren-

fermé la nuit dans sa chambre avec une concubine. Il força la porte et contraignit le roi d'être sage. La demoiselle qu'il avait chassée à une heure indue prit sa revanche, et parvint à le faire chasser d'Angleterre. Pendant son exil, étant sur les côtes de Bretagne, il invita une montagne d'Irlande à venir le trouver. La montagne n'eut rien de plus pressé que de se rendre à l'invitation, elle traversa la mer bien vite ; et le saint archevêque, enchanté de la voir si obéissante, la congédia après lui avoir donné sa bénédiction.

[19] Yves Audrein, prêtre, député du Morbihan à l'Assemblée législative et à la Convention nationale, est auteur d'une *Apologie de la religion contre les prétendus philosophes*, etc. Paris, Galetti, an v, in-8°. — J.-R.

VOLTAIRE, Chefs-d'Œuvre dramatiques, 8 vol.
portrait. 4 80
Id. La Henriade, 1 vol., port. » 60
BECKER, ouvrier menuisier à Méru (Oise). Ses
chansons. Il y aura 12 livraisons in-8°. Les 10
premières sont en vente. Les autres paraîtront
de huit en huit jours.
Pour la collection entière, chaque livraison. » 75
Chaque livraison séparée. 1 »
BIOGRAPHIE des acteurs et actrices de Paris;
2º édit., 1 vol. in-32. » 60
LES SANGSUES du peuple depuis le commen-
cement de la monarchie jusqu'à Polignac et
Peyronnet, 1 vol. in-32. » 75
HISTOIRE de la Révolution de 1830, in-18. » 60
— du général Lafayette, dédiée à la gar-
de nationale, 1 vol. in-32. » 50
RÉSUMÉ de l'histoire de la régénération de la
Grèce; 1 vol. in-32, 2º édit. » 75
Cet ouvrage est fait d'après M. Pouqueville.

Pièces de théâtre, format in-32, imprimées sur papier vélin.

Ma'agrida, ou le Jésuite conspirateur.	» 50	La Prude, comédie.	» 50
Le Méchant, comédie.	» 50	Artémire, tragédie.	» 50
Abufar, tragédie.	» 50	Mariamne, tragédie.	» 50
Mélanie ou la Religieuse forcée.	» 50	L'Indiscret, comédie.	» 50
Gageure imprévue, comédie.	» 50	Brutus, tragédie.	» 50
Cinna, tragédie.	» 50	Eryphile, tragédie.	» 50
Festin de Pierre, comédie.	» 50	Zaïre, tragédie.	» 50
Mariage de Figaro.	» 75	Samson, opéra.	» 50
Vert-Vert.	» 50	Amélie, ou le duc de Foix.	» 50
Manlius Capitolinus, trag.	» 50	Mérope, trag.	» 50
Victimes cloîtrées.	» 50	Mort de César, trag.	» 50
Tartufe, comédie.	» 50	Zulime, trag.	» 50
Athalie, tragédie.	» 50	Tanis et Zélide, trag.	» 50
DE VOLTAIRE.		Pandore, opéra.	» 50
		Princesse de Navarre.	» 50
		Azire, trag.	» 50
		Mahomet, trag.	» 50
Œdipe, tragédie.	» 50	Adélaïde Duguesclin, trag.	» 50

www.ingramcontent.com/pod-product-compliance
Lightning Source LLC
Chambersburg PA
CBHW060724050426
42451CB00010B/1606